I0070274

UNE

MANIÈRE DE VOIR

INSTRUCTION PUBLIQUE

LOI ÉLECTORALE

LIBERTÉ DE LA PRESSE

CONCLUSION

PAR

GUIET

POITIERS

TYPOGRAPHIE DE A. DUPRÉ

RUE IMPÉRIALE

1869

UNE

MANIÈRE DE VOIR

CHAPITRE Ier.

INSTRUCTION PUBLIQUE.

En dehors de la connaissance indispensable des signes de convention au moyen desquels on reçoit ou on transmet à autrui une notion quelconque, il y a la connaissance des idées qui doivent guider l'homme, soit dans la vie sociale, soit dans la vie privée.

La direction de la pensée, qui, abandonnée à elle-même, serait infailliblement entraînée dans des écarts d'imagination, s'opère par la communication aux jeunes intelligences des résultats dus aux observations de l'homme, dans quelque branche de la science que ce soit.

Cette exposition des connaissances acquises laisse le droit de contrôle à celui à qui elle est faite, et l'exercice de ce droit vient à son tour contribuer au progrès de la science elle-même. Si les gouvernements avaient pour mission d'imposer au peuple telle ou telle manière de voir dans la direction de leurs affaires, on comprendrait qu'ils poussassent tous leurs efforts pour inculquer à leurs sujets tel ou tel dogme, telle ou telle croyance religieuse comme auxi-

liaire gouvernemental. On s'explique en effet la nécessité
de l'intervention divine à une époque de barbarie, pour
obtenir la subordination des peuples : Charlemagne et autres
ont usé, et même abusé de ce moyen ; mais, sous le régime de
la liberté, où les hommes restent maîtres de se gouverner
eux-mêmes, l'auxiliaire gouvernemental devient intempestif.
On conçoit encore, dans un temps d'obscurité complète sur le
commencement, le mécanisme et la fin du monde, la nécessité d'une vérité de convention, c'est-à-dire d'une explication
telle quelle, que l'on adopte faute de mieux ; mais, à mesure
que le jour se fait, la vérité supposée perd peu à peu de son
crédit, et est enfin remplacée par la vérité vraie.

Partout et dans tous les temps le mot enseigner a voulu
dire : montrer, faire voir ; et, pour entreprendre de faire voir,
la première condition est de voir soi-même ce que l'on veut
faire voir aux autres. Borne-t-on aujourd'hui l'enseignement
à ce que l'on voit soi-même, soit par les yeux du corps, soit
par ceux de l'intelligence ? Evidemment non, lorsqu'on enseigne comme vrai, sous le nom d'instruction morale, ce que
l'on sait n'être qu'une fiction inventée dans l'origine pour
l'amusement des hommes et la satisfaction de leur curiosité
relativement à l'origine du monde.

Les comparaisons des objets entre eux, de leur manière
d'être active ou passive, et des diverses qualités inhérentes
à leur nature, offrent un vaste champ à l'intelligence humaine ; mais, dans l'enfance de l'homme comme dans l'enfance des peuples, elle ne se borne pas à parcourir cette
carrière : les objets, les actions et les qualités qu'elle constate
lui font rêver des objets, des actions et des qualités analo-
gues qui n'existent que dans son imagination. Par ce moyen
elle voit ou croit voir cent fois plus qu'elle ne voit réellement :
tel est l'objet de la poésie.

Ce pouvoir donné à l'homme de multiplier ses jouissances

présente un écueil que nous voulons signaler : c'est qu'à la longue les fictions de l'imagination sont prises pour des réalités.

Toujours et en tous lieux les hommes se sont épris du merveilleux, et c'est un caractère marqué de l'esprit humain que de croire volontiers à ce qui lui plaît et de s'opiniâtrer d'autant plus dans sa croyance que ce qui en est l'objet est plus invraisemblable.

L'enseignement bien entendu devrait avoir pour mission de prévenir de pareils écarts. Ne proscrivons pas la poésie puisqu'elle plaît tant aux hommes, mais donnons-la pour ce qu'elle est, et n'oublions pas qu'à côté des enthousiastes de la fiction il y a les amis de la réalité, dont le zèle mérite d'être encouragé, parce qu'il mène à la découverte de la vérité et au perfectionnement des arts utiles par ses observations et par les conquêtes qu'il fait incessamment sur les mystères de la nature.

Je me demande enfin pourquoi l'on ne professerait pas dans l'enseignement public que tous les historiens de la création du monde, c'est-à-dire les premiers auteurs des religions, ont fermé les yeux devant la nature, pour ne débiter aux peuples que les produits de leur imagination. Le merveilleux devait nécessairement jouer un grand rôle dans ces récits, qui sans cette condition n'eussent point été accueillis des hommes, ni transmis à la postérité.

Moïse s'est évidemment peu soucié des lois de la nature quand il a placé les étoiles du firmament entre les eaux de la terre et les eaux du ciel, quand il a condamné la femme à enfanter avec douleur pour avoir désobéi à un commandement de Dieu, sans expliquer pourquoi la même peine était infligée à toutes les femelles des animaux, etc., etc.

Si les inventions des poètes n'eussent outrepassé leur mission primitive, c'est-à-dire le délassement des hommes, elles fussent éternellement restées inoffensives, tout en atteignant leur but ; mais bientôt la fiction fut présentée et acceptée comme une vérité, et l'on s'empara de la crédulité des peuples pour baser les gouvernements que l'on a décorés du beau nom de théocratie, qui veut dire gouvernement des prêtres, en dépit de l'étymologie.

Dans un système où les lois de la nature étaient méconnues et faussées, l'intervention divine, pour être efficace, devait être accompagnée d'un nombre considérable d'instruments de torture ; c'était, en un mot, la terreur à l'état permanent.

Les peuples eurent en perspective dans cette vie, comme punition de leur désobéissance, les cachots, les oubliettes, les cages de fer et tous autres instruments de supplice imaginables, et, dans un autre monde, des tourments éternels ; le tout au nom de Dieu, que l'on se flattait de représenter sur la terre. Nous n'entreprendrons point de combattre des théories qui amènent de pareils résultats dans la pratique ; nous demanderons seulement ce qu'on penserait d'un père qui, prévoyant que son enfant, dans telle circonstance donnée, doit, malgré sa défense, se livrer à certains actes qui entraîneront nécessairement sa perte, le laisserait néanmoins libre de lui désobéir. En rapprochant la prescience divine des supplices éternels de l'humanité, il est clair que les poètes ont, à leur insu, donné à Dieu la physionomie d'un père barbare et cruel.

Lorsque la révolution française de 1789 est venue détruire l'action plus ou moins directe de la théocratie dans le gouvernement, le peuple français, heureux et fier de sortir de la dégradation morale où il était tenu depuis des siècles, eut, dès le principe, foi entière dans l'avénement du droit ; mais il eut la douleur de pressentir que la gloire de consacrer irrévocablement ce droit lui échapperait malgré ses efforts ; c'est alors que, dans le désespoir de la lutte, il eut recours à cette arme dont ses adversaires lui avaient appris l'usage, la terreur, qui entre ses mains consomma ces grands malheurs dont les excès seront éternellement déplorés.

La foi du peuple français était fondée : l'avénement du droit et de la liberté devaient un jour couronner ses efforts. Toutefois ses pressentiments ne l'avaient pas trompé sur l'heure du succès ; en effet, quelques années plus tard, l'ombre de la théocratie venait prendre place à côté des pouvoirs de l'Etat ; je dis l'ombre, car la théocratie elle-même était ruinée à jamais par la perte de ses biens et l'acceptation d'un salaire.

Le rôle de cette ombre serait au surplus aujourd'hui à peu près inoffensif si le gouvernement ne se croyait obligé envers elle à des égards qui gênent son action et amènent dans l'Etat des tiraillements regrettables ; je n'en veux d'autre preuve que les incidents et les péripéties des affaires d'Italie, où l'appui que la France a prêté à son affranchissement, après avoir pris des proportions colossales dès le début, s'est maintes et maintes fois démenti depuis, notamment quand il s'est agi de reconnaître le royaume que l'on avait voulu fonder (il a fallu qu'une calamité publique, la mort de Cavour, vînt frapper notre protégé, pour nous amener à cette reconnaissance), et encore lorsque notre flotte a paralysé pendant six mois devant Gaëte les efforts de l'armée péninsulaire tout entière. Toujours est-il que les Italiens, pour qui nous avions tant fait, ont trouvé néanmoins que la France leur tenait la dragée haute, et il est à craindre qu'un jour ne vienne où, las de se voir marchander nos faveurs, ils ne se jettent dans les bras de nos ennemis.

Personne ne peut nier que de toutes ces hésitations et réticences de notre politique il ne résulte évidemment que le gouvernement français ne soit gêné dans ses allures, et chacun devine par qui.

Le grand mérite de Jésus-Christ est d'avoir combattu un gouvernement théocratique, avec l'énergie d'une conviction profonde ; mais, tout en terrassant son ennemi, il a lui-même succombé dans la lutte ; et, pour le malheur de l'humanité, du retentissement de ce combat gigantesque et de l'immensité de la douleur qui s'est emparée des peuples au récit de l'agonie épouvantable qui avait terminé une vie si juste et si pure, est née une nouvelle théocratie bien autrement redoutable que la première ; et, si Jésus-Christ revenait aujourd'hui sur la terre, il devrait se trouver bien étonné de rencontrer une théocratie organisée en son nom, lui qui avait voué toute l'autorité de sa parole à la suppression des intermédiaires entre l'homme et Dieu, et il est fort probable que, dans les circonstances présentes, il donnerait la main au héros de Caprera dans sa lutte contre les marchands du temple.

Quoi qu'il soit de cette théocratie plus ou moins passée à l'état d'ombre, on enseigne encore aujourd'hui ses doctrines à la jeunesse sous le beau nom d'enseignement moral ; voyons si elles supportent l'examen.

On prétend enseigner Dieu : tout ce que l'on dit à ce sujet est une longue suite de blasphèmes ; voici pourquoi :

Sous quelque côté que nous envisagions, en particulier, chacun des objets de la nature, soit sous le rapport de la forme, de la couleur, de la pesanteur, de la manière de vivre ou d'agir, etc., etc., ce qui nous frappe tout d'abord ce sont les points de ressemblance de l'objet examiné avec d'autres déjà connus, points de ressemblance qui nous font faire une comparaison ou établir un rapport.

Or le langage des hommes n'a pas d'autre but que de leur fournir le moyen de se communiquer entre eux le résultat de leurs observations ; de là il suit nécessairement que dans toute sorte d'émission de pensée il y a toujours une comparaison exprimée ou sous-entendue. Dire qu'un homme est grand, c'est évidemment le comparer à d'autres hommes sous le rapport de la taille. Comme tous les objets qui composent l'univers ont toujours des points de ressemblance avec d'autres objets qui s'en rapprochent ou s'en éloignent plus ou moins, il en résulte qu'il n'en est pas un qui ne nous fournisse occasion de parler de lui ; mais Dieu, pour en parler, avec qui le compare-t-on ? On le rapetisse au niveau de l'homme, dont on lui prête toutes les qualités bonnes et mauvaises ; en un mot on blasphème, et, en ce sens, un auteur italien du xve siècle a peut-être eu raison de dire que tout culte extérieur était un outrage à la Divinité, puisque la cérémonie du culte n'est en définitive que la représentation des hommages que de tout temps l'orgueil des grands a exigé de l'humilité de leurs inférieurs.

Nous dirons en second lieu que la notion de Dieu doit se présenter d'elle-même aux intelligences chez lesquelles l'enseignement a pour but principal de développer la faculté de comparer, c'est-à-dire de raisonner ; et, si parfois le maître est amené par l'enchaînement des idées à faire pressentir à l'élève l'existence de Dieu, ce n'est que comme couronnement de l'œuvre, et encore doit-il borner là son instruction puisqu'il ne peut aller plus loin sans déraisonner. Mais il arrivera le plus souvent que le maître sera dispensé de ce soin : quand les jeunes intelligences auront appris par leur propre réflexion, et par les observations de la science qui leur auront été exposées, à comparer par elles-mêmes et à constater l'enchaînement et l'harmonie qui existent dans toutes les parties de l'univers, elles seront peut-être conduites à se demander si tant d'ordre, souvent caché sous l'apparence du désordre, n'est pas le résultat d'une volonté suprême créatrice et organisatrice de toutes les merveilles de la nature.

Lorsque les hommes auront appris à juger par eux-mêmes, et qu'obéissant au besoin inné dans l'esprit humain de rechercher les causes dont il voit les effets, ils se seront fait de Dieu une idée conforme à la raison, ils ne lui attribueront pas les vices inhérents à leur nature, la colère, la jalousie, la vengeance, etc. ; en un mot, ils ne le façonneront pas à leur propre image, ils se trouveront à l'abri de leur crédulité et des calamités qu'elle a toujours traînées à sa suite. Et, s'il est vrai que le langage de l'homme soit insuffisant pour parler dignement de Dieu ; si Dieu, dans son essence incomparable, ne peut avoir de représentants sur la terre, car toute représentation implique nécessairement l'idée d'une certaine ressemblance, il reste toujours à l'homme la consolation de pouvoir lui adresser ses remerciements et ses vœux par la voix intime de la conscience.

Si l'enseignement public donne dans le travers en parlant de Dieu, sera-t-il au moins plus rationnel en parlant de l'homme? Nous nous contenterons pour toute réponse de faire l'observation suivante relativement aux facultés intellectuelles de l'homme, dont on a une si haute idée que l'on ne craint pas de leur décerner l'immortalité.

Tous les êtres qui vivent sur le globe terrestre ont, sous le rapport de l'organisation physique et intellectuelle, des points de ressemblance : tel que ce qui caractérise chacun d'eux et les distingue les uns des autres n'est qu'une question de plus ou de moins ; de sorte que si l'on descend l'échelle des êtres organisés à partir de l'homme, on remarque que cette ressemblance est telle qu'il devient très-difficile de classer certaines espèces, à cause de leurs points de rapprochement avec l'espèce immédiatement supérieure et avec l'espèce immédiatement inférieure, et qu'il est même très-difficile de trouver le point de démarcation entre le règne animal et le règne végétal. De là on est en droit de conclure que si le Hottentot a une âme, le singe appelé homme des bois, qui lui ressemble si bien au physique et au moral, doit en avoir une aussi, et ainsi de suite. Nous tirerons de là cette conséquence que si l'homme a une âme, il n'a pas le droit de s'en enorgueillir et de s'en prévaloir comme d'un privilége exclusif; et, s'il s'attribue une existence perpétuelle au milieu de toutes les jouissances imaginables, il faudrait au moins qu'il songeât à faire place aux autres dans cet océan de délices éternelles.

Le monde savant est fort divisé sur la question de l'existence de l'âme. Les partisans de l'affirmative, entre autres arguments, font valoir celui-ci : ils disent à leurs adversaires : Vous niez l'existence de l'âme, vous êtes matérialistes : donc vous niez le courage et la vertu, etc.

Ceux qui parlent ainsi n'ont pas fait cette réflexion que les mots courage, vertu et beaucoup d'autres, bien qu'appelés substantifs dans les dictionnaires, expriment des manières d'être et non des êtres mêmes ; logiquement parlant, ces expressions devraient être des adjectifs qualificatifs, et rien de plus. Si donc il est avéré qu'il existe des êtres animés, courageux, vertueux, etc., etc., il ne faut pas en conclure qu'on ne puisse nier l'âme, le courage, la vertu, etc.

Nous ferons encore remarquer, relativement à l'immortalité de l'âme, que ce qui n'a pas de fin n'a pas de commencement; qu'en admettant notre immortalité ultérieure, nous devons conclure que nous avons existé de toute éternité dans le passé : mais nul d'entre nous n'a conscience de ce que son âme était et faisait avant son existence actuelle, et rien ne prouve qu'elle aura conscience après la mort de ce qu'elle est et de ce qu'elle fait en cette vie. Or la pensée de rémunérer ou de punir pour un fait dont l'auteur ne se rappelle plus est inadmissible.

Quoi qu'il en soit, les facultés intellectuelles existent , qu'elles viennent de la matière ou d'ailleurs, quelque nom qu'on veuille leur donner et quelque durée qu'on veuille leur attribuer ; elles existent chez tous les animaux à des degrés différents ; et, parmi ces facultés dont l'homme est le plus richement pourvu, celle qui le distingue le plus particulièrement des animaux proprement dits, c'est la faculté de prévoir, faculté limitée bien entendu, mais en vertu de laquelle il peut prendre une connaissance anticipée des conséquences de ses actes, ce qui lui permet d'agir avec mesure et réflexion. Si la prévoyance n'est pas le privilége exclusif de l'homme, s'il n'est pas le seul parmi les animaux à se construire des logements contre l'intempérie des saisons, on peut toujours dire que c'est le seul être organisé qui se donne la peine de semer et de planter dans le but de subvenir aux besoins de son existence.

Ainsi donc, tout en rendant justice à la supériorité de l'homme sur les autres animaux, nous sommes en droit de dire que c'est à tort que l'enseignement public en fait un être complétement à part, appelé à des destinées ultérieures dont les autres se trouveraient impitoyablement exclus.

En définitive, soit qu'il parle de Dieu, soit qu'il parle de l'homme, l'enseignement prétendu moral s'écarte de la vérité. Il pèche par sa base : tout naturellement il sera vicieux dans ses conséquences ; et en effet nous le voyons en complet désaccord avec l'instinct de l'humanité, qui ne se trompe jamais : plus il désespère de la raison humaine, plus la raison humaine a foi dans son avenir ; plus il enseigne le mépris de la vie et des biens de ce monde, plus l'humanité s'y cramponne instinctivement, et, sous ce rapport, l'existence propre de nos rhéteurs moralistes est un démenti formel donné à leurs instructions.

Le meilleur moyen, selon nous, d'apprendre aux hommes à se conduire ici-bas, est de leur faire connaître le milieu dans lequel ils doivent passer leur existence, et les hommes n'auront pas besoin de guides moraux dans la société quand ils auront compris par leur propre réflexion que l'intérêt particulier bien entendu est toujours et nécessairement en parfait accord avec l'intérêt général. Cette vérité fondamentale n'a pas besoin de démonstration. Tout élément sérieux de bonheur particulier a toujours son point d'appui sur des moyens honnêtes, c'est-à-dire qui excluent toute idée de détriment pour autrui; et toute réussite particulière basée sur de tels moyens concourt toujours et nécessairement au bien-être général.

Le mot intérêt vient de deux mots latins qui veulent dire jouer un rôle. L'essentiel pour bien jouer son rôle est de connaître le milieu dans lequel on doit le jouer; aussi le premier besoin de l'homme arrivant à la vie intellectuelle est-il de jeter un coup d'œil général sur le théâtre de ses actions.

Ce qu'il voit tout d'abord, ce sont d'innombrables globes de feu qui semblent tourner autour de lui, et il s'aperçoit bientôt que c'est encore sur un globe de feu qu'il est appelé à poursuivre sa carrière.

Ne nous demandons pas l'origine de tous ces orbes flamboyants: il y a là de quoi brûler les ailes de toutes les intelligences humaines, et reconnaissons *a priori* que c'est là un mystère dont le secret doit rester inconnu.

La sublimité du tableau doit, au surplus, nous consoler de ne pas en comprendre l'origine, et notre curiosité devrait être satisfaite si seulement nous parvenions à découvrir comment le foyer ardent que nous foulons aux pieds concourt à la satisfaction de nos besoins et à l'alimentation de notre existence.

Cet immense brasier sur lequel nous circulons, et dont nous ne sommes séparés que par une légère couche de matières solides qui l'entoure de toutes parts, et qui est elle-même recouverte d'une matière liquide sur les quatre cinquièmes de sa surface, a la propriété d'attirer tous les corps vers son centre; cette puissance d'attraction prend le nom de pesanteur, considérée par rapport aux corps qui y sont soumis.

Sous l'influence de la pesanteur, l'air et l'eau pénètrent incessamment à travers la couche terrestre, essentiellement perméable, et, bientôt métamorphosés en vapeur et en gaz légers par l'influence du foyer intérieur, repassent à travers la couche terrestre et s'élèvent dans l'atmosphère sous l'influence du foyer extérieur qui nous chauffe et nous éclaire, pour retomber de nouveau vers le centre de la terre, toujours en vertu des lois de la pesanteur, qui veulent que les corps plus légers cèdent la place aux plus lourds.

Ce mouvement perpétuel de l'air et de l'eau, sous l'influence de l'attraction et de la chaleur intérieure et extérieure, et l'action réciproque des trois agents principaux le feu, l'air et l'eau l'un sur l'autre, action indispensable à chacun d'eux puisqu'aucun ne pourrait subsister sans le concours des deux autres, donnent lieu à trois phénomènes principaux :

1° A l'intérieur, augmentation de volume de la couche terrestre ;

2° Dans l'épaisseur de cette couche, formation des minéraux ;

3° A l'extérieur, développement d'une chevelure à laquelle les naturalistes ont donné le nom de végétation, et dont l'usage principal est la nutrition des animaux.

S'il nous était permis de hasarder une supposition relativement à la formation de la couche terrestre, nous dirions que, dans l'origine, le globe de feu sur lequel nous marchons était lumineux comme le soleil, et que la masse d'eau qui recouvre actuellement la plus grande partie de la surface de la terre était dispersée à l'état de vapeur dans la couche atmosphérique.

L'action incessante et réciproque de l'air et de l'eau sur le feu, et peut-être aussi la nature des matières réduites en brasier ardent, ont pu occasionner la formation de la couche terrestre, qui, dans cette hypothèse, ne serait qu'une sorte de résidu chimique. Voilà comment notre globe, qui, dans l'origine, était un globe lumineux, n'est plus aujourd'hui qu'un soleil encroûté, suivant l'expression de certains savants.

Dans cet ordre d'idées, l'origine du monde s'expliquerait par la spontanéité; mais quelle est celle de cette multitude d'êtres organisés qui vivent à la surface de la terre, les uns en prenant leur nourriture sur place, les autres en la cherchant où elle se trouve au moyen d'organes de locomotion dont ils sont pourvus les uns et les autres, à cette différence près soit qu'ils vivent dans l'eau ou à l'air libre, exerçant les fonctions de la vie à peu près de la même manière, ce qui a fait dire que tous les êtres de la nature avaient été conçus d'après le même plan?

En considérant l'échelle des êtres organisés, on s'aperçoit bientôt que ce qui constitue essentiellement la vie, la respiration, la nutrition, la circulation du sang et de la sève, la reproduction des individus par eux-mêmes, se retrouve également partout. On arrivera à cette conclusion qu'une théorie d'origine admise pour quelques espèces peut l'être également pour toutes; or il est certain que la science a constaté parfois une origine spontanée chez certains insectes. Et si l'on demandait pourquoi la spontanéité est aujourd'hui réduite à certains cas exceptionnels, on pourrait répondre qu'en se reportant par l'imagination à l'époque d'effervescence physique des temps primitifs de la formation de la couche terrestre, on comprend facilement que les choses n'ont pas dû se passer alors comme aujourd'hui.

On peut encore faire remarquer qu'entre la couche terrestre qui porte et nourrit les êtres de la nature et ces êtres eux-mêmes, il y a à faire des rapprochements dignes d'observation au point de vue de la conformation et du mode de développement. On voit en effet dans la terre une double circulation d'eau analogue à la double circulation du sang chez les animaux et à la double circulation de la séve chez les végétaux, etc., etc. On est donc en droit de supposer qu'il doit y avoir analogie d'origine entre la couche terrestre et les êtres organisés qu'elle fait vivre.

Si cette explication de l'origine du monde par la spontanéité n'est pas complétement satisfaisante, elle a le sort de toutes les autres sur le même sujet, lesquelles ont été jetées en pâture à ce besoin insatiable de s'expliquer et de se rendre compte dont l'homme est incessamment obsédé.

Quant à l'histoire de la création écrite par Moïse, il y a longtemps que les observations de la science l'ont réduite à sa juste valeur, et, en ce qui concerne l'approbation que Jésus-Christ a semblé donner à ce document par son silence, on peut dire, sans lui faire un crime de ne pas avoir inventé la poudre, ni même pressenti aucune des grandes découvertes des temps modernes, que, comme Dieu, et par conséquent auteur de la nature, Jésus-Christ aurait dû connaître son ouvrage. Or tout prouve, au contraire, que Jésus-Christ n'avait aucune idée de la configuration de notre globe ; non-seulement il n'a jamais songé à dire que la terre tournait, ni à faire mention de l'Amérique, mais on enseignait devant lui, et sans protestation de sa part, que la terre est un grand carré entouré de quatre grandes murailles destinées à soutenir le firmament. L'approbation de Jésus-Christ n'aurait donc d'autre portée que celle d'un homme très-inexpérimenté, pour ne pas dire plus, en matière de cosmographie, et ne peut rien ajouter à la valeur intrinsèque d'une histoire de la création du monde.

Quoi qu'il soit de l'origine de l'univers, toujours est-il que la splendeur des astres qui l'éclairent, la régularité de leurs mouvements dont on a su deviner les lois, l'infinité et la variété des êtres organisés qui couvrent le globe terrestre, leurs diverses manières d'être et de se procurer les moyens de subvenir à leurs besoins; l'eau, l'air et le feu, et les divers effets que ces éléments produisent les uns sur les autres, effets dont résulte la vie chez tous les êtres de la nature ; la couche terrestre elle-même, qui, en résultant elle aussi de leur combinaison, vient servir de théâtre aux actions et modifications de tout ce qui compose l'ensemble de la création, etc., etc., sont des sujets d'observation plus que suffisants pour exercer l'intelligence humaine, et l'on ne comprend pas qu'en présence d'un si magnifique tableau sans signature, les hommes aient détourné leurs regards pour se livrer inutilement à la recherche de l'auteur, dont l'intention manifeste a été de demeurer inconnu. Et, s'il est vrai que l'excuse de l'humanité soit dans son désir de révérer le Créateur, il n'en est pas moins vrai que le meilleur moyen d'arriver à ce résultat est de commencer par étudier la création et de tâcher de l'apprécier comme elle doit l'être, dans la mesure de nos moyens. C'est là le plus réel hommage que l'on puisse rendre à celui qui en est l'auteur.

Ceux qui passent leur vie à se demander s'il y a un Dieu, c'est-à-dire si plus tard ils auront un juge, ne ressemblent pas mal à ces mercenaires peu scrupuleux qui, en l'absence de leur maître, cherchent à savoir s'il prendra connaissance de la manière dont ils ont employé le temps ; c'est le cas de leur rappeler la maxime : *Fais ce que dois, advienne que pourra.*

Ce coup d'œil jeté sur l'ensemble du tableau, il reste à en examiner les détails. Ici se présente la division des connaissances humaines, c'est-à-dire les diverses branches de la science, qui n'est que le résultat de l'observation des hommes,

transmis à la postérité. Mais, parmi ces notions qui résultent de l'observation, il est à remarquer tout d'abord qu'il en existe un nombre considérable d'inexactes ou d'inutiles. Si Abeylard revenait aujourd'hui sur la terre avec l'immense érudition qui a fait sa gloire, il est certain qu'au milieu de notre société il aurait l'air d'un ignorant; mais ne nous abusons pas : si notre Institut lui-même, composé, sans exception, d'hommes de mérite, reparaissait dans trois ou quatre siècles avec la science qui le caractérise aujourd'hui, il pourrait arriver qu'il ne brillât pas d'un vif éclat parmi les générations ultérieures, auprès desquelles tout son savoir n'obtiendrait probablement que la considération d'une vieille défroque.

Il résulte de là que nos savants ont la tête encombrée de meubles parfaitement inutiles, et que le travail du temps, le maître des maîtres, consiste autant, et plus, au point de vue scientifique, à éliminer des futilités qu'à créer des notions nouvelles.

Il s'ensuit encore que notre enseignement public n'est point à l'abri de tout reproche, et, sans parler de ces intelligences dociles que l'on s'efforce de métamorphoser en machines à thèmes grecs et à vers latins, il semble prendre à tâche d'accumuler pêle-mêle dans la même tête tout ce qui s'est fait, pensé et imaginé sur la terre depuis 25 ou 30 siècles. Fort heureusement, le bon sens est vivace et résiste la plupart du temps à ses efforts pour l'étouffer. Partout les idées se heurtent et se contredisent; et, pour ne parler que du catalogue des œuvres classiques, à côté des trois meilleurs modèles qui aient jamais paru sur la terre : La Fontaine, Corneille et Voltaire, on a placé des faiseurs de phrases vides de sens, qui n'ont jamais mérité d'être portés sur le tableau des écrivains, et que néanmoins l'on ne craint pas de décorer du beau nom d'auteurs sacrés, sans doute parce qu'ils ont déserté le terrain de l'observation pour se lancer dans le pays des chimères.

Lorsqu'au moyen d'un enseignement méthodique et rationnel, exclusivement basé sur l'observation de la nature, on aura appris aux hommes à s'apprécier eux-mêmes, ainsi que le milieu naturel et social dans lequel ils doivent vivre, ces hommes iront d'eux-mêmes, obéissant aux nécessités de la nature, prendre, au milieu des rouages de la société, la place qui leur sera naturellement assignée par leurs capacités physiques et intellectuelles, réciproquement respectées dans leurs droits acquis par chacun des membres de la société ; alors incombera au gouvernement la tâche de leur faciliter les moyens d'exercer leurs droits de citoyens.

CHAPITRE II.

LOI ÉLECTORALE.

Elire, c'est choisir ; pour choisir, il faut apprécier ; pour apprécier, il faut connaître ; or comment se font les élections dans l'état actuel des choses? Les électeurs peuvent-ils apprécier les qualités de ceux auxquels ils confient le plus important des mandats, celui de gérer les affaires publiques? A l'heure qu'il est, les dix-neuf vingtièmes des électeurs ne connaissent même pas de nom le député qui les représente ; ce nom, à peine appris au moment des élections, est aujourd'hui complétement oublié.

En outre de ce qu'un mandat donné dans de telles conditions a peu de valeur par lui-même, le mode actuel des élections a le grave inconvénient de porter atteinte à la dignité des électeurs, en les conviant à un acte dont ils sentent instinctivement l'importance et en face duquel ils ont conscience de leur incapacité.

Il est en effet humiliant, pour un homme qui se trouve en face d'un droit à exercer, d'être obligé d'emprunter la lumière d'un autre, et, par le fait, c'est comme s'il renonçait à son droit au profit de cet autre.

Veut-on savoir le secret de la presque unanimité des votes dans les plébiscites qui ont amené le régime actuel? Ce fut une protestation éclatante, de la part du corps électoral tout entier, contre l'humiliation qu'il avait ressentie dans les élections précédentes, où ses votes avaient nécessairement été des votes de confiance. Fatiguée de jeter dans l'urne des noms accumulés sur des chiffons de papier, mais dont la valeur lui était parfaitement inconnue, la masse des électeurs a, lorsqu'il s'est agi de Napoléon, saisi l'occasion de secouer le joug de son ignorance et de se persuader à elle-même qu'elle était à la hauteur de ses fonctions. Chaque électeur, en effet, connaît Napoléon; il le connaît: donc c'est son homme; et qu'on n'aille pas essayer de faire de vaines distinctions de personnes. On connaît Napoléon, cela suffit; longtemps encore peut-être Napoléon sera l'homme du peuple français.

Ce qui caractérise le peuple en général, et le paysan en particulier, c'est sa grande impassibilité vis-à-vis les tentatives hasardées, les idées médiocres et les demi-mesures. Ajoutons immédiatement que cette disposition d'esprit sauve la fortune publique. Si le paysan, qu'on blâme souvent à tort d'être routinier, adoptait à la légère toutes les nouvelles méthodes qu'on lui propose, qu'en résulterait-il, sinon une ruine complète? Cette résistance à la nouveauté chez le paysan a donc sa raison d'être. Mais doit-on conclure de là que le paysan n'est nullement impressionnable? ce serait une erreur: il a l'instinct du vrai, il est accessible aux idées véritablement nobles et justes, et, sous leur influence, il sait faire des merveilles, l'histoire est là pour le prouver. Le peuple se laisse volontiers entraîner ; mais il exige, de la part de celui qui veut lui faire changer ses habitudes, une étincelle du feu sacré.

Le génie de Voltaire a provoqué dans l'humanité tout entière une soif ardente d'activité qui, après s'être librement donnée carrière pendant les premières années de la révolution de 89, est allée se personnifier et s'éteindre dans un homme d'action irrésistible.

Que s'est-il passé en 1848? une idée capable de remuer le monde avait-elle précédé le mouvement révolutionnaire ? Non ; et, comme il n'est pas logique de marcher sans savoir où l'on va, le gouvernement provisoire s'est empressé avec raison de crier halte ! en attendant l'idée inspiratrice et directrice qui, suivant lui, devait sortir du suffrage universel ; mais le paysan, qui attendait de son côté, ne voyant rien venir, se réfugia dans le souvenir d'une épopée brillante, et retomba bientôt dans son impassibilité, passagèrement troublée.

Les chefs de la révolution de 1848 s'étaient trompés en ce sens que jamais les masses ne peuvent suppléer à un essort de génie, qui ne se répète jamais deux fois de suite chez un peuple. Tout ce qu'il est possible de dire sur les sciences de politique et de morale a été admirablement dit au XVIIIᵉ siècle, et la conséquence immédiate des vérités mises à jour à cette époque a été l'affranchissement du peuple, c'est-à-dire son intervention aux affaires publiques. C'est dans un enseignement basé sur les vérités essentielles de la nature qu'il doit trouver sa règle de conduite, dans la confection des lois qu'il veut s'imposer lui-même pour vivre en société ; et il n'est besoin maintenant ni de l'apparition d'un homme de génie ni du soulèvement des masses pour amener la suppression de certains embarras qui gênent l'État dans sa marche. La formule de l'Église libre dans l'État libre, qui commence à se montrer à l'horizon, a mis le doigt sur la plaie ; et le remède qu'elle propose n'est pas de nature à causer aucune perturbation sociale.

Si Napoléon III eût accepté sans réserve les pleins pouvoirs qu'on lui décernait avec tant d'enthousiasme, toute loi électorale serait aujourd'hui complétement inutile ; mais, la souveraineté nationale étant restée entre les mains du corps électoral, puisqu'en définitive c'est toujours lui qui tient les cordons de la bourse, il serait urgent de lui fournir les moyens d'exercer son autorité avec la dignité que comporte tout acte du pouvoir souverain.

Doit-on compter sur le développement de l'instruction pour arriver à ce résultat? Oui, si l'on veut, dans une certaine mesure ; mais il faut cependant remarquer que l'enseignement néglige la connaissance des contemporains, dont il n'est fait mention que dans le journalisme, qui, par suite d'impossibilité matérielle, ne pénétrera jamais dans la masse des travailleurs. Pour lire un journal, il faut avoir de l'argent et du temps à dépenser, circonstances qui ne se rencontreront jamais que très-exceptionnellement dans la société.

Le suffrage universel est-il donc condamné à une dérision perpétuelle ? Non ; mais, si l'électeur n'y voit pas de loin, il faut rapprocher le candidat de l'électeur.

Étant admis qu'il est nécessaire que le mandant connaisse le mandataire, il faudrait, autant que possible, que l'élection se fît par canton et avec des candidatures du canton ; et, dans le cas où il y aurait impossibilité matérielle de réunir en corps délibérant un trop grand nombre de députés, il faudrait alors avoir recours au suffrage à deux degrés.

Mais il ne serait peut-être pas impossible que quelques milliers d'hommes votassent, dans des circonstances rares et solennelles, sur des projets préalablement élaborés dans de partielles réunions préparatoires, dont les travaux seraient portés à la connaissance de tous au moyen de la presse.

Les conseils généraux sont composés, sans exception, d'hommes honnêtes et ayant un mérite personnel ; le même procédé d'élection pour le Corps législatif donnerait le même résultat.

Quand l'électeur connaît les candidats, il n'a plus besoin d'être dirigé dans son choix ; la pression devient inutile, de quelque part qu'elle vienne ; elle tombe d'elle-même, et avec elle l'appréhension des disputes et des rixes qui en sont la suite inévitable.

La cause de l'ordre n'a jamais été mise sérieusement en péril en France, où les honnêtes gens sont en immense majorité ; mais elle aura acquis un nouveau gage de sécurité le jour où tous les Français, par une disposition quelconque de la loi, seront mis à même d'exercer réellement et par eux-mêmes leurs droits de citoyens. Il y a urgence de faire cesser le mode actuel, où la parole ne semble donnée au peuple qu'à la condition sous-entendue de ne pas la prendre.

Pour réussir dans la tâche de faire des hommes, suivant la véritable acception du mot, un instrument est indispensable : je veux parler de la liberté de la presse.

CHAPITRE III.

LIBERTÉ DE LA PRESSE.

Dans une société d'hommes, deux raisons demandent impérieusement la liberté de la parole et celle de la presse, qui, au moyen d'un mécanisme de convention, ne fait que compléter la première en lui donnant plus d'extension, c'est-à-dire en lui fournissant le moyen de se faire entendre à distance de temps et de lieu.

Ces raisons sont tirées :

1° De la perfectibilité humaine ;

2° De l'intérêt de chaque membre de la société en particulier, et de la société tout entière en général.

I. Les individus peuvent s'améliorer par l'expérience et l'observation ; mais les fruits qu'ils en retirent disparaîtraient avec eux, sans aucun profit pour la perfectibilité humaine, s'ils n'avaient la possibilité de les communiquer à leurs semblables : tel est le but de la parole et, par extension, de l'écriture.

Parler ou écrire, c'est signaler à ceux à qui on s'adresse des faits ou des raisonnements qui les intéressent, c'est-à-dire de nature à provoquer chez eux certains actes ou les détourner de certains autres ; en effet, toute notion de fait ou de raisonnement n'offre d'intérêt qu'autant qu'elle peut concourir à la direction de la conduite.

Seule, l'imperfection des hommes nécessite dans une société l'existence de règles positives, qui limitent les actions des membres de la société sous certaines peines édictées par la société elle-même ; car, pour une société d'hommes parfaits, il ne faudrait que peu ou point de lois, ce qui serait très-heureux pour l'humanité, puisque toute loi écrite, quelque parfaite qu'elle soit, consacre toujours des iniquités dans certains cas de son application. Il en résulte que la perfectibilité humaine exige, en fait de loi de répression, les plus grands ménagements vis-à-vis de ces instruments essentiels, la parole et la presse.

Dire que la parole et la presse seront libres quand les hommes seront parfaits serait faire espérer le résultat en supprimant le moyen. Une distinction entre la presse ordinaire et la presse quotidienne serait puérile, et nous ferons remarquer à cet égard que cette dernière a cet avantage sur l'autre de pouvoir donner des avertissements plus prompts en cas d'urgence.

II. L'exercice de la parole est, pour chaque membre de la société, un droit et un devoir : un droit, en ce sens qu'une des conditions essentielles de l'existence de l'homme est de pouvoir agir suivant l'inspiration de ses facultés intellectuelles, et que, si sa prévoyance lui conseille de vivre en société, elle lui conseille aussi de ne souscrire au pacte social que sous la réserve expresse des deux conditions suivantes :

1° De rester libre de ses actions jusqu'à la limite du droit d'autrui ;

2° De rester libre de parler et d'écrire, afin de pouvoir communiquer à ses coassociés les pensées que son intelligence lui suggérera dans l'intérêt général.

En effet, la prévoyance de l'homme l'avertit qu'en se constituant membre d'une société il aliène une partie de la liberté de ses actes, c'est-à-dire de la liberté de mettre ses actes en parfait accord avec sa manière de penser, car il lui arrivera souvent de subir celle de ses coassociés.

Ce sacrifice de l'individu fait à l'ordre social de renoncer en soi à l'harmonie entre la pensée et l'action est tellement grave, qu'il ne pourrait trouver aucune compensation dans les avantages qui résultent pour lui de la société, s'il ne restait à sa pensée illimitable par elle-même, mais paralysée dans ses résultats par le seul fait du pacte social, la consolation de pouvoir se manifester librement devant la société sur les affaires de cette société, afin de coopérer à leur direction dans la mesure de ses facultés.

Nous disons de plus que la parole est un devoir, en ce sens que la société a le droit de compter sur les lumières de chacun de ses membres.

La seule objection que l'on oppose à ce système est tirée
du danger que la presse peut faire courir à l'ordre public.
Danger, soit; mais est-il dans la vie des sociétés, comme dans
celle des individus, une situation quelconque exempte de tout
danger? Nous n'en connaissons pas, et la véritable sagesse
consiste bien moins à prévoir de trop loin les malheurs qu'à
savoir prendre son parti des périls de toutes sortes dont nous
sommes incessamment menacés.

Nous ferons cependant remarquer à cet égard que, dans
l'usage habituel de la parole, commun à tous les hommes, la
décence publique suffit pour modérer ses écarts, et que, sous
ce rapport, la justice n'intervient que dans de très-rares ex-
ceptions; comment peut-il se faire que la langue écrite, qui
n'est à l'usage que d'un petit nombre d'hommes privilégiés
par leur éducation et leur instruction, devienne un instrument
de scandale et de division au milieu de la société?

Toutefois, dans l'intérêt des lecteurs et des donneurs d'avis
eux-mêmes, nous engagerions d'obliger ces derniers, chaque
fois qu'ils conseilleraient de supprimer ou de modifier les lois
existantes, de rédiger les projets de lois destinées par eux à
remplacer les premières, puisqu'il est vrai que la société ne
peut exister sans règles.

Cette formalité aurait pour résultat inévitable de restrein-
dre la fécondité, souvent désordonnée, des réformateurs, en
raison de la dificulté que rencontre dans tous les cas la ré-
daction d'un projet de loi, dont le principal avantage est de
faire ressortir immédiatement les inconvénients ou les avantages du but que l'on se propose. Une colonne du journal
officiel pourrait être réservée aux projets de loi qui lui
seraient envoyés, et la publicité qui leur serait donnée serait
le châtiment de leurs auteurs, quand elle n'en serait pas la
récompense.

Sous cette condition expresse de rédiger des projets de lois nouvelles quand il s'agira de demander l'abolition de celles qui existent, nous pensons qu'il doit être permis à l'observateur de passer tout en revue , même ce que l'on appelle les bases fondamentales en matière de politique et de morale.

Par cette expression de bases fondamentales, on entend probablement des principes immuables ; mais ces principes immuables sont encore à trouver, et le temps est venu pour l'esprit humain de les reléguer au rang de la pierre philosophale, en reconnaissant une fois de plus l'inanité de ses efforts quand il lui arrive de faire fausse route. Pourquoi rechercher la stabilité absolue? est-ce que l'on en trouve un seul exemple dans la nature ?

On a cru longtemps à l'immobilité de la terre ; on est enfin revenu de cette erreur : on reconnaîtra de même tôt ou tard qu'il n'y a d'immuable que la loi naturelle du mouvement. Rechercher des bases immuables, dans quelque ordre d'idées que ce soit, c'est évidemment marcher à l'encontre des lois de la nature, dont le principe essentiel repose précisément sur le principe de la mobilité de tout en général par rapport à l'ensemble du monde ou des parties qui le composent. Cette fixité tant recherchée n'existe nulle part, pas même dans le néant, puisqu'il est vrai que chaque molécule, dès lors qu'elle cesse de faire partie d'un corps quelconque en décomposition, est immédiatement entraînée à la formation d'un autre corps.

En présence de cette loi naturelle de mobilité incessante, que reste-t-il à faire à l'esprit humain, sinon de s'y soumettre et d'en accepter toutes les conséquences?

Que si l'on vient à se demander quelle est l'impulsion première de cette métamorphose continue des êtres de la création, l'on est réduit à supposer l'existence d'une force qui ne se voit pas, il est vrai, mais dont les effets sont parfaitement visibles et appréciables. Qui est-ce qui retient la terre à égale

distance du soleil? comment les divers corps animés ou ina-
nimés se rapprochent-ils ou s'éloignent-ils incessamment les
uns des autres, ainsi que cela se passe continuellement sous nos
yeux? Evidemment, une force quelconque commande à tous
ces mouvements, et à cette force on a donné le nom d'attraction ou électricité, qui elle-même ne serait, ainsi que quel-
ques-uns l'ont supposé, qu'une seule et même substance avec
la chaleur et la lumière.

L'impulsion qui donne lieu à la métamorphose des êtres
étant donnée, il faut, pour que le travail de la nature ait lieu,
que cette impulsion s'exerce suivant certaines mesures et dans
certaines conditions, et cette vérité reçoit aussi bien son application dans l'ordre politique que dans l'ordre matériel. S'il
arrivait, par exemple, que l'homme voulût tirer sa subsistance
d'un sol trop mouvant, il perdrait ses peines ; mais si, par
suite d'un faux raisonnement, il quittait un sol sablonneux
pour se réfugier sur un rocher, il n'aurait fait qu'empirer sa
condition. On en pourrait dire autant de l'assiette politique
d'une société : une république où l'on irait au scrutin tous
les quinze jours serait un gouvernement peu conforme à la
raison ; mais une monarchie où la volonté nationale ne se
manifesterait jamais le serait encore moins.

On peut donc dire que la loi naturelle, qui régit le monde
aussi bien au physique qu'au moral, c'est l'attraction, qui en-
traîne tout dans un mouvement perpétuel, qu'elle provienne
de l'électricité, de la chaleur ou de la lumière, peu importe.
Voilà un principe de la nature contre lequel ne pourra jamais
prévaloir aucune tentative de stabilité impossible, tant il est
vrai qu'il n'y a de stable que le mouvement.

La volonté de l'homme, qui n'est que la résultante de son
état physique, est essentiellement variable comme lui. De là
il suit qu'au point de vue politique, ses engagements, pour
être valables, ne peuvent jamais embrasser qu'une certaine

période de temps déterminée à l'avance, suivant les convenances sociales ; autrement on pourrait indéfiniment opposer la volonté antérieure d'un peuple à sa volonté présente et future, ce qui serait marcher directement à l'encontre de la loi naturelle de mobilité physique et morale.

Au point de vue politique, il faut donc en prendre son parti et accepter hardiment la loi naturelle du mouvement, que l'on peut régulariser, en ce qui concerne les conditions vitales des sociétés, mais qu'il serait insensé de vouloir arrêter sur des bases fixes introuvables, par cette excellente raison qu'elles n'existent point. Aujourd'hui on est bien portant, riche potentat, monarque, etc., demain on ne le sera plus : telle est la loi naturelle.

On pourra entasser des millions de votes contre cette loi, mais on perdra ses peines.

On en pourrait conclure que les principes politiques qui nous régissent sont peu en harmonie avec les découvertes scientifiques des temps modernes ; mais on aurait tort de s'en étonner, puisque l'enseignement public actuel l'est encore moins. On n'ose plus, il est vrai, condamner Galilée, qui a mis tout en mouvement ; mais, sans réflexion, on enseigne les mêmes maximes que du temps de Josué, qui a tout arrêté, même le soleil ; et, comme il arrive souvent à nos docteurs moralistes et politiques de tomber dans des impossibilités rationnelles, ils se tirent d'embarras en invoquant la sagesse impénétrable de Dieu, qui aurait voulu ceci ou cela, suivant les besoins d'une thèse toujours très-difficile à soutenir. Ce moyen, élastique et commode pour celui qui s'en sert, a aujourd'hui considérablement perdu de sa valeur, et doit enfin céder le pas à la vérité vraie, qui ne s'appuie sur aucune hypothèse, mais sur une observation consciencieuse.

CHAPITRE IV.

CONCLUSION.

Comme conclusion de ce qui précède, nous dirons :

La terre n'est plus, comme autrefois, un carré entouré de grandes murailles destinées à soutenir le firmament, composé de points lumineux fixés sur une voûte mobile.

L'homme, quelque dépit que dût en ressentir son orgueil, n'a plus cette constitution exceptionnelle et complexe en vertu de laquelle il se croyait autorisé à attribuer la création du monde à une intelligence analogue à la sienne, qui, à un moment donné, aurait complaisamment tout créé, la terre et les cieux, pour son usage personnel et exclusif, en lui conférant le titre de roi de la création.

La terre, loin d'être un centre auquel l'univers se rapporte, n'est plus qu'un point lancé dans l'espace avec une vitesse telle que la plus riche imagination ne peut pas la suivre.

Tous les mouvements et modifications des corps entre eux, célestes et terrestres, ou des molécules des corps entre elles, mouvements et modifications qui constituent la vie, s'expliquent par les forces attractive et répulsive de l'électricité; ou, en d'autres termes, l'électricité, la chaleur et la lumière, qui ne sont qu'une seule et même substance qui se manifeste sous trois aspects divers, nous donnent l'explication du mécanisme du monde.

Là doivent se borner nos investigations, par ce motif que l'origine du feu lui-même restera toujours inconnue.

Au surplus, l'action de l'intelligence humaine consiste essentiellement à comparer les mouvements des corps, soit par rapport au temps dans lequel ces mouvements s'exécutent, soit par rapport aux volumes, aux formes, etc., que ces corps prennent dans telles ou telles circonstances données.

Cet axiome que toute sorte d'opération de l'intelligence humaine implique toujours une comparaison s'applique même aux arts, où le goût seul apprécie.

En effet, l'œil du peintre calcule, en le rapprochant d'un autre, le nombre de vibrations des rayons lumineux sur une surface donnée, et l'oreille du musicien celui des vibrations de l'air dans un temps donné ; ce qui revient à dire que tous les travaux de l'intelligence, sans exception, ont pour base l'observation de la nature, afin d'établir une comparaison entre faits ou objets qui ont de l'analogie entre eux.

A l'heure qu'il est, deux systèmes contradictoires sont en présence.

Pour l'un, la nature a été suffisamment approfondie ; le résultat d'observations contre lesquelles il n'y a rien à dire, ni pour les modifier ni pour les compléter (observations si parfaites en elles-mêmes qu'on leur a donné le nom de *révélation divine*), a été soigneusement consigné dans des livres réputés saints. Là se trouve toute règle de vie : ces livres sont la vérité même, et en conséquence dignes d'une croyance sans borne ; ceux-là mêmes qui sont chargés de les expliquer sont nécessairement infaillibles, etc. ! La dernière expression de ce système est le mot *foi*, qui veut dire croyance avec un bandeau sur les yeux.

Pour l'autre, la nature est un livre constamment ouvert à tout le monde, où chacun a le droit de voir ce qu'il voit et le devoir de le dire.

Pour le premier, toute investigation, toute découverte contraires aux livres saints sont des crimes ! (*Voir* l'histoire de Galilée, Christophe Colomb, etc.)

Pour l'autre, ce sont autant de titres de gloire. Ce que l'un défend, l'autre le recommande.

Cet antagonisme entre les idées a de tout temps divisé les hommes et amené la plupart des guerres qui ont ensanglanté le monde.

Il est urgent de le faire cesser le plus promptement possible.

Nous pensons, en conséquence, qu'il serait temps de baser l'instruction publique exclusivement sur l'observation réelle et vraie de la nature, et de laisser de côté les aperçus imaginaires des temps primitifs.

Telle est notre manière de voir.

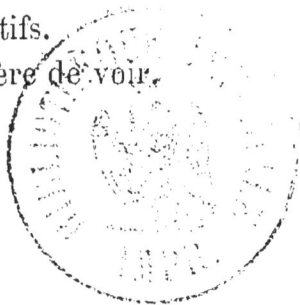

GUIET.

Poitiers. — Typ. de A. Dupré.

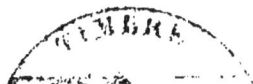

www.ingramcontent.com/pod-product-compliance
Lightning Source LLC
Chambersburg PA
CBHW070748210326
41520CB00016B/4628